PANÉGYRIQUE

DE

JEANNE D'ARC

PRONONCÉ DANS LA CATHÉDRALE D'ORLÉANS,

Le 8 mai 1864,

Par M. l'Abbé Alexandre THOMAS,

MISSIONNAIRE APOSTOLIQUE,

Chanoine honoraire de Versailles, Aumônier de l'Hospice civil.

IMPRIMÉ PAR LES SOINS DE LA VILLE D'ORLÉANS.

ORLÉANS,
IMPRIMERIE CHENU, RUE CROIX-DE-BOIS, 21.

—

1864.

PANÉGYRIQUE

DE

JEANNE D'ARC.

A Domino factum est istud et est mirabile in oculis nostris.

Le Seigneur a fait cela, et la merveille est sous nos yeux.

Ps. 117, ỹ. 23.

Messeigneurs (1),

Messieurs,

Avec l'Église, je crois au surnaturel. Je crois que l'homme, dans les desseins de Dieu, a été destiné aux joies et aux récompenses du monde invisible. Aux facultés si éminentes déjà de son état de pure nature, l'homme, grâce à la munificence de Dieu,

---

(1) Monseigneur Dupanloup, évêque d'Orléans; Monseigneur Maret, évêque de Sura.

vit s'ajouter en lui d'autres facultés plus sublimes encore. C'est Dieu qui l'initia, dès cette vie terrestre, aux relations de la vie surnaturelle, par la grâce, la vertu, la gloire. Dès-lors, l'homme sentit en lui-même une puissance qui dépassait les forces de sa nature. Il lui fut donné d'entendre de ses oreilles la voix de son Dieu, de voir de ses yeux l'éclat de sa gloire. Confiant aux promesses divines, il put commander aux éléments, arrêter la lumière du jour, écarter par un signe de sa main les flots de la mer obéissante, forcer la mort elle-même de lui rendre ses victimes. Enfin, lorsque pour se conduire dans les voies laborieuses de l'action, il vit apparaître et marcher à ses côtés les anges devenus visibles, les Michel, les Raphaël, les Gabriel, il comprit combien il était vraiment *grand* (1), et que Dieu le destinait à contempler sa gloire, *au sein de la divine lumière* (2), à le voir éternellement *face à face* (3).

Mais le surnaturel par excellence, c'est l'union hypostatique du Verbe avec la nature humaine par la divine Incarnation. Depuis ce jour, l'homme n'a plus cessé d'être rehaussé, sanctifié, glorifié

---

(1) *Magna res est homo.* Pat.
(2) *In lumine tuo videbimus lumen.* Ps. 35, ỳ. 10.
(3) *Tunc autem facie ad faciem.* 1 Cor. cap. 13, ỳ. 12.

par la vie surnaturelle. Les sacrements ont rendu possibles les miracles ; l'amour divin a préparé les âmes aux célestes visions, et le Pape Saint Pie V, des fenêtres du Vatican, a pu contempler dans une miraculeuse extase, le magnanime combat et la victoire de Lépante.

L'histoire de France, Messieurs, n'a rien à envier aux saintes annales de l'Italie. Elle a constaté, dans la vie de Jeanne d'Arc, l'intervention surnaturelle de Dieu. Elle affirme que Dieu a envoyé vers la jeune fille de Domremy, l'archange Michel, les vierges martyres Ste-Catherine et Ste-Marguerite, pour élever son enfance, inspirer son génie sur les champs de bataille, fortifier son âme dans les souffrances du martyre.

Je viens donc proclamer devant vous, Messieurs, l'assistance divine dans l'éducation, la vie active, les épreuves et la mort de la glorieuse Jeanne. Je viens vous dire : 1° comment Dieu a récompensé l'héroïsme de la ville d'Orléans, en lui prédestinant sa future libératrice ; 2° comment Jeanne d'Arc, inspirée par ses voix, a fait lever le siége de cette cité, et, par ses brillants exploits, a conduit le Roi Charles VII au sacre de Reims ; 3° comment Dieu a couronné cette jeune et glorieuse vie par l'éclat incomparable de la mort des martyrs.

Succéder dans cette chaire aux princes de la parole sainte, aux rois de l'éloquence sacrée; parler de la pucelle d'Orléans aux descendants de ceux qu'elle a sauvés; rappeler cette vie si courte et si merveilleuse en présence de votre illustre Pontife, de son vénérable clergé, de vos magistrats, de vos savants, de ces hommes d'élite que la France réunit aujourd'hui dans cette basilique, comme les nobles représentants de la reconnaissance d'un grand peuple, voilà, Messieurs, ce qui rend ma tâche redoutable et impose à ma faiblesse un bien lourd fardeau.

Toutefois, je me rassure. Car pour parler dignement de l'ange de Vaucouleurs, le prédicateur n'a qu'à s'effacer, s'oublier lui-même, à ne laisser place, dans son discours, qu'aux paroles, aux actions de notre héroïne. Si pour redire sa vie et sa mort, il suffit encore d'aimer la France qu'elle a délivrée, d'admirer sans réserve sa gloire et ses malheurs, Ah! Messieurs, vous pouvez m'en croire: français, j'aime de toute mon âme la grande, la généreuse nation; prêtre catholique, j'admire et vénère cette virginale mémoire que je voudrais associer au culte de nos saints. C'est là ce qui fait ma force et soutient ma confiance; c'est là ce qui explique ma présence dans cette chaire et ma joie à célébrer Jeanne d'Arc en face d'une assemblée catholique et française.

I.

DOMREMY.

Comment Dieu a récompensé l'héroïsme de la ville d'Orléans, en lui prédestinant sa future libératrice.

Le 12 octobre 1428, les anglais vinrent mettre le siége devant la ville d'Orléans. Que s'était-il passé en France, pour que le royaume fût arrivé à cette douloureuse extrémité ? Hélas ! les premières années de ce siècle voyaient se poursuivre et à la veille d'un odieux triomphe, cette guerre séculaire suscitée sur le sol français par l'ambition de l'Angleterre. Henri V, roi d'Angleterre, à peine débarqué avec ses troupes, écrit avec la pointe de son épée victorieuse, le nom d'Azincourt sur cette page funèbre qui rappelle ceux de Crécy et de Poitiers. Maître de la Normandie, ce prince entre en vainqueur dans la ville de Rouen, sa capitale, tandis que Clarence se fait ouvrir les portes de Pontoise. Et, comme si ce n'était pas assez de subir les sanglantes étreintes de l'étranger, notre pays affligé de la démence de son roi, se voit encore déchiré par les rivalités parricides de ses plus illustres enfants. Deux grands partis se disputent le peu qui reste de la France, les les Armagnacs impatients de venger le meurtre du duc d'Orléans, les bourguignons que l'assassinat de Montereau, rend infidèles au roi, traitres à la patrie, complices des anglais. A Troyes, ô honte ! la reine Isabelle signe ce fatal traité, par lequel, oublieuse de ses devoirs d'épouse et de mère, elle livre la France aux mains avides du roi d'Angleterre, à la félonie du duc de Bourgogne. La mort des deux rois, le glorieux Henri V et l'infortuné Charles VI, précipite les événements et place les deux couronnes sur la tête d'un enfant de huit mois.

Reconnu roi par les deux tiers de la France, Henri VI ne laisse plus à Charles VII que cinq provinces avec le titre dérisoire de *petit roi de Bourges*. Horrible ironie que semblent confirmer le concours de Philippe le Bon, les défaillances du duc de Bretagne et les nouvelles défaites de Crevant et de Verneuil. Mon Dieu ! une lueur d'espoir brille aux yeux attristés des français. Le duc de Glocester se sépare du duc de Bourgogne, permet par là au roi Charles de se reconcilier avec celui-ci, et, secondé par cette alliance, de lancer le duc de Richemond sur la Normandie et de la rendre à la liberté. Vaine espérance aussitôt évanouie que conçue ! De Giac, le favori du prince, La Tremouille qui lui succède dans sa confiance, l'emportent pour notre malheur sur la bravoure de La Hire et de Dunois victorieux à Montargis.

L'heure a donc sonné pour l'exécution du plan conçu par l'ambition de l'Angleterre; le moment est venu de consommer la conquête du royaume tout entier. Bedford ne balance plus : par ses ordres, Salisbury ouvre la campagne. A la tête de son armée, il marche en avant, sans jeter un seul regard en arrière. Comme un torrent, il se précipite sur nos provinces, dévore les bourgs et les cités, fait flotter sur toutes les cîmes le fatal drapeau de l'Angleterre. Toutefois, Olivet lui résiste et le contraint de se replier sur Meung et Beaugency. Enfin, soutenu par Suffolck, il campe devant Orléans, du côté du midi. Ah! c'est le génie de la guerre qui l'inspire! Il sait que la prise de cette ville, dernier rempart de la monarchie, doit décider la chûte du trône, rayer du livre des peuples notre antique nationalité, et dans une dernière transformation, classer la France parmi les provinces soumises au sceptre de l'Angleterre. Voilà pourquoi Salisbury fait le siége d'Orléans. Le siége d'Orléans ! Mais c'est la grande épopée de cette guerre; c'est le sublime héroïsme qui devance et appelle l'héroïsme de Jeanne d'Arc. C'est la préface radieuse qui ouvre l'histoire de l'incomparable libératrice. C'est le premier titre de votre gloire, Messieurs ; celui qui place avec honneur le nom de votre cité sur le livre d'or où la main immortelle de l'histoire a écrit Sagonte et Sarragosse. Permettez, Messieurs, que je vous en rappelle le mémorable souvenir et vous verrez que si Dieu prenant en compassion, *en pitié*, ce malheureux royaume de France, l'a sauvé par les mains de Jeanne d'Arc, c'est qu'en vérité, le courage indomptable de vos aïeux a mérité cette miraculeuse intervention.

Le siége a duré huit mois. Qu'aviez-vous pour vous défendre ? Des murailles à peine armées ; quelques pièces d'artillerie sans servants ; une poignée d'hommes pour garder vos bastions et vos portes. Il est vrai qu'aux jours de combats, vieillards, femmes et enfants, tous, vous avez été soldats. Pendant huit mois, la résistance ne cessera de se montrer au niveau de l'attaque. Et, alors même que le blocus se resserrant chaque jour, enfermera votre ville dans un cercle de fer et de feu, jamais une parole de découragement ne tombera de vos lèvres, jamais un sentiment de crainte ne troublera vos cœurs.

Les Anglais pourtant déployaient autour de vos remparts des ouvrages formidables. Maîtres, dès le début, du fort des Tourelles, les voyez-vous poursuivre la construction de ces bastilles que doit seule suspendre l'arrivée de Jeanne d'Arc? De Saint-Laurent à la porte Bannier, vos ennemis cernent les trois quarts de votre ville. Ils occupent la petite île Charlemagne et se répandent sur la rive méridionale du fleuve. Ce n'est pas assez : ils veulent être maîtres de la Loire, et ils élèvent une nouvelle bastille à Saint-Loup. Avec ce coup-d'œil militaire qui ne les trompe pas, ils comprennent l'importance de cette dernière position, car de là ils dominent le cours supérieur de la Loire, donnent la main à Jargeau qui est à eux, et par l'île Saint-Aignan, touchent à la Turcie de Saint-Jean-le-Blanc. Jeanne, je l'ai dit, arrêtera le blocus, l'empêchera de devenir effectif, complet, et le grand espace resté libre entre les bastilles de Paris et de Saint-Loup, vous permettra de ravitailler votre place, d'y introduire le secours que Dieu vous destine avec la guerrière de Vaucouleurs.

Suivrai-je, Messieurs, les sanglantes péripéties de ce long siége? Puis-je vous redire les mille combats qui se livrent sous vos murailles? Puis-je vous montrer ces assiégés, vos pères, ici, brûlant tout le quartier du Portereau; là, disputant les Tourelles dans un combat à outrance de quatre jours;

au pont, brisant les arches, et sous le feu de l'ennemi, sous les yeux des vainqueurs, élevant la bastille de la Belle-Croix ? Vous rappellerai-je que vos étudiants, vos femmes, vos enfants ont arraché des cris d'admiration à ces géants de la guerre, aux Dunois, aux Sainte-Sévère, aux Louis de Culan ? Ah! qui donc l'ignore? Ç'a été un combat sans trêve, sans merci; tantôt à la Croix-Boissée, tantôt à la porte Renart. On a compté en un seul jour, des assauts six fois répétés, six fois repoussés. Aujourd'hui, c'est aux Tourelles, demain à Saint-Laurent. Ce matin, c'est à Saint-Loup, ce soir à Saint-Ladre et saint Pouair. Vainement Falstoff triomphe à Rouvray, Orléans tient toujours, Orléans n'est pas même ébranlée. Vainement une ambassade confiée au brave Xaintrailles échoue auprès du duc de Bourgogne, les assiégés comme les assiégeants semblent étrangers à ces incidents. Tout entiers à la bataille, les uns resserrent le blocus, les autres opposent une résistance indomptable ; les attaques et les sorties se succèdent; des deux côtés l'artillerie gronde et mitraille; chaque jour le sang coule, personne ne se rend, personne n'en parle, n'en a la pensée. Ah! sans doute, votre courage est au-dessus de toute louange ; mais enfin, rien ne sert de le dissimuler, si Orléans ne reçoit bientôt ni vivres, ni secours, la famine est là, menaçante, hideuse ! C'est elle, elle seule qui va ouvrir vos portes aux Anglais, qui va les faire pénétrer dans vos rues, où ils ne trouveront plus que vos cadavres. Ah ! vaillants citoyens d'Orléans, c'est là que Dieu vous attendait. Parce que vous ne vous êtes pas abandonnés vous-mêmes, parce que forts de votre droit, de votre fidélité, de votre constance, vous avez juré de vous ensevelir sous les ruines fumantes de votre cité, plutôt que de courber la tête sous la domination étrangère ; parce que la mort vous a été mille fois préférable à la servitude, vous avez mérité, braves Orléanais, un secours d'en haut, un secours divin ; et voilà que pour vous délivrer, et avec vous, affranchir le sol national, le ciel vous envoie la libératrice, Jeanne d'Arc de Domremy !

Qu'est-ce que Jeanne d'Arc ? D'où vient-elle ? Sur les confins de la Champagne, de la Bourgogne et de la Lorraine, mais dans une enclave française, au village de Domremy, sur les bords de la Meuse, Isabelle Romée, femme d'un pauvre laboureur, donnait le jour à une fille, le 6 janvier 1412. Ces gens simples et modestes ne se doutaient pas que dans ce berceau reposait la future libératrice de leur pays. Comme tous les parents, ils ne voyaient là sous ces langes grossiers, qu'une petite créature souriant à leurs caresses. Un berceau ! Mais il renferme souvent plus de merveilles que les palais les plus fastueux : il est plus d'une fois l'espérance du monde et contient les succès de l'avenir. Non, on ne pense pas assez que la grâce du baptême communique à cette âme si tendre les germes sacrés d'une glorieuse prédestination ; que ces mains délicates qui balancent un jouet, pourront un jour tenir un sceptre ; que ce front si pur pressé par les lèvres maternelles, abritera de grandes pensées ; que sous cette poitrine se développeront les nobles passions qui honorent la nature humaine, l'amour de la patrie, le culte de l'honneur, l'esprit du détachement et du sacrifice. Un berceau ! Vous ne devriez jamais l'oublier, Mesdames, il peut renfermer un Moyse, un Vincent-de-Paul, un Fénelon. C'est votre devoir de l'entourer non-seulement de tendresse, mais encore de cette éducation forte et austère qui développe le cœur et l'âme, les ouvre aux nobles sentiments de la justice, de l'honneur, de la conscience, enfin de tout ce qui fait les grands caractères. Voilà, je le dis avec douleur, ce qui manque à notre âge, ce qui s'efface tous les jours. Triste et déplorable conséquence de cette éducation molle et sans prévoyance de beaucoup de mères de notre temps !

La mère de Jeanne d'Arc, dans son ignorance et sa pauvreté, fut mieux inspirée. Sans doute, elle ne put apprendre à son enfant ni à lire, ni à écrire : elle se contenta de lui faire savoir et réciter le *Pater noster*, l'*Ave Maria*, le *Credo* des apôtres. Mais, à son exemple, sa fille devint pieuse envers Dieu, bonne et secourable aux pauvres, dévouée aux malades, compatissante aux malheureux : d'ailleurs, aussi chaste et modeste que laborieuse et charitable. On la vit enfant, ainsi que l'ont affirmé ses contemporains au procès de réhabilitation, ainsi surtout que l'ont déclaré les témoins cités dans ces interrogatoires de Poitiers, malheureusement supprimés ou perdus, on la vit enfant fréquenter l'église du village, se confesser avec régularité, communier souvent. Quant elle travaillait aux champs, conduisait les troupeaux, filait le chanvre et la laine, une joie vive s'épanouissait sur sa figure aux sons tant aimés de la cloche et de l'*angelus*. Déjà sérieuse pour son âge, elle n'abandonnait cependant pas soit au *bois chesnu*, soit à l'ombre du *grand hêtre*, les récréations innocentes de ses jeunes compagnes. Plaisirs enfantins et fugitifs comme l'enfance, car Jeanne connut de bonne heure les tristesses et les larmes. Les premières années de sa vie furent assombries par les exils fréquents de sa famille que chassaient à l'improviste les excursions armées des Bourguignons, ces amis des Anglais.

Toutefois, l'heure fixée par la providence allait sonner. Dieu qui inspire l'amour de la patrie, fait une loi de l'honneur à l'égal de la vertu, Dieu voulut lui-même achever l'éducation de cette pauvre fille des champs : il la prédestinait à la gloire, au martyre. C'est que la religion loin de détruire, de comprimer les plus nobles sentiments du cœur, les purifie au contraire en les fortifiant. Plusieurs, je le sais, trompés par de déplorables préjugés, reprochent au catholicisme de déserter cette grande, cette belle cause de la patrie. Ingrats ! vous avez donc oublié les larmes de N. S. J. C. sur Jérusalem ? Vous n'avez donc jamais prêté l'oreille aux gémissements sublimes de notre Jérôme tressaillant dans sa grotte de Bethléem, au fracas de Rome qui s'écroule sous les secousses répétées des barbares ? Vous n'avez donc pas assisté aux obsèques du grand Augustin, exhalant sur son lit de mort une touchante prière sur le sort de sa patrie en deuil ? Vous n'avez donc pas vu à l'œuvre ni saint Pie V, ni saint Charles Borrommée, ni saint François de Sales, ni saint Vincent-de-Paul, ni Fénelon, ni Belzunce de Marseille ? Ah ! du moins puissiez-vous aujourd'hui confesser votre erreur, revenir à des sentiments plus équitables, en voyant ce que Dieu lui-même a fait de Jeanne d'Arc, par l'intervention surnaturelle, par les voix de son archange Michel, de ses vierges martyres, sainte Catherine et sainte Marguerite !

En effet, par un jour d'été, sur l'heure de midi, dans son jardin qui confine à l'église, Jeanne à peine âgée de treize ans, vit une grande lumière, et une voix retentit dans les airs. Troublée d'abord et craignant une illusion des sens, Jeanne garde le silence, et dans le recueillement de la prière, attend que la vérité resplendisse à ses yeux dans tout l'éclat d'une réalité constante. Le doute dut bientôt faire place à une conviction profonde. Les visions se renouvellent, deviennent fréquentes. Saint Michel en lui apparaissant, se nomme, et les saintes font comme lui. Jeanne les voit de ses yeux, les entend de ses oreilles, vit et grandit dans leur familiarité. Elle les reconnaît à leurs traits, au timbre particulier de leurs voix. Ces maîtres divins développent dans son cœur la douce pitié, l'amour de la France, la fidélité au roi, le dévouement à la patrie. *Dieu*, lui répètent-ils chaque jour et à toute heure, *Dieu a grand' pitié de la France ; il faut qu'elle aille au secours du roi ; elle fera lever le siége d'Orléans et délivrera Charles de ses ennemis ; elle doit se présenter devant Baudricourt, capitaine de Vaucouleurs, qui la fera conduire près du roi, et elle arrivera sans obsctacle. Ils ont été choisis pour la guider et l'assister de leurs conseils; elle doit les croire et leur obéir dans tout ce qu'ils lui disent ; que c'est la volonté de Dieu.* Oui, c'est la volonté de Dieu, et ce n'est pas en vain qu'elle sera révélée à Jeanne pendant quatre années, car Baudricourt lui-même, malgré son incrédulité, ne pourra que s'y soumettre. *En nom Dieu,* lui dit Jeanne, *vous mettez trop de temps à m'envoyer ; car aujourd'hui le gentil Dauphin a eu assez près d'Orléans, un grand dommage, et sera-t-il encore exposé à l'avoir plus grand si vous ne m'envoyez vers lui.* Ses voix lui avaient en effet révélé la défaite de Rouvray et le triomphe de l'Anglais Falstoff. *Eh bien !* s'écrie Baudricourt, *va et advienne que pourra.*

Ce qui advint, Messieurs, le voici : Jeanne, à cheval, armée, vêtue d'habits d'homme, part avec six chevaliers. C'est un voyage de cent cinquante lieues, au milieu d'un pays occupé par les ennemis du roi. En onze jours, la vaillante guerrière a franchi neuf rivières grossies par les inondations, parcouru des chemins défoncés par les pluies, traversé Gien et Fierbois. Elle arrive enfin à Chinon, où, sans débrider, elle demande à parler au roi. L'audience se fait attendre trois jours. Alors Jeanne est admise et reçue au milieu de toute la Cour. Avertie par ses voix, elle va droit au roi qui se cache et voudrait la tromper ; elle lui prouve la légitimité de sa mission en lui révélant un secret connu de lui seul, mais que ses voix lui avaient confié.

Mais c'est à Poitiers, dans l'assemblée du parlement et des docteurs qu'on réserve le jugement définitif. C'est là que l'on va décider de l'accueil qu'il conviendra de faire aux propositions de cette étrange fille. Jeanne est affligée de ce nouveau retard. *Je sais bien*, dit-elle, *que j'aurai fort à faire à Poitiers, où l'on me mène ; mais Messire m'aidera. Or, allons-y donc, de par Dieu !* La voici devant les magistrats, les juristes, les théologiens et les docteurs. Quel à propos ! Quelle sûreté ! Quelle verve dans ses réponses ! On lui dit : *si Dieu veut sauver la France, les gens d'armes ne sont pas nécessaires.* — *En nom Dieu*, répond Jeanne, *les gens d'armes batailleront et Dieu donnera la victoire.* On lui demande des signes certains de sa mission : *ce n'est pas à Poitiers que je suis envoyée pour donner des signes ; mais conduisez-moi à Or-*

léans, avec si peu d'hommes d'armes que vous voudrez, et je vous montrerai des signes pour me croire : le signe que je dois donner, c'est de faire lever le siége d'Orléans.* Voici frère Séguin, un aigre homme, qui lui dit : *Quel langage parlent vos voix ? — Meilleur que le vôtre,* riposte Jeanne impatientée de cet accent, de ce patois d'Auvergne. On doute encore, mais elle, avec une autorité qui ne permet pas de plus longs atermoiements : *Je ne sais ne A ne B ; mais je viens de la part du roi du ciel faire lever le siége d'Orléans et conduire le roi à Reims. — Mais voici de savants livres qui vous condamnent. — Il y a ès livres de Messire plus qu'ès vôtres.* Enfin, Jeanne a vaincu toutes les résistances : le parlement, la compagnie des théologiens se rendent à l'évidence de sa bonne foi, de sa raison supérieure, de son esprit aussi calme qu'élevé et entraînant. Faut-il ajouter que la reine de Sicile, la dame de Gaucourt et d'autres nobles femmes rendent de sa vertu, de sa virginité, un témoignage irrécusable qui commande le respect ? Tant de motifs dictent au dauphin la réponse si vivement attendue. Il donne son consentement et retourne à Chinon pour ne pas s'éloigner du théâtre des grands événements qui se préparent.

Ainsi, Messieurs, la sagesse humaine est à bout

de ses voies ; la force avoue son impuissance ; l'homme ne peut plus rien, ni le guerrier, ni le politique, ni le sage, ni le savant. Que reste-t-il donc pour sauver la France et chasser les Anglais ? Dieu seul, Messieurs ! C'est lui qui paraît sur ce grand théâtre de la France agonisante ; c'est lui qui va lui rendre la vie, la force, la puissance. Que fait-il ? Par quel moyen digne de lui va-t-il se montrer ? Ah ! Messieurs, il faut le reconnaître et l'adorer à *ce grand coup de son bras tout-puissant,* pour parler le langage de notre immortel Bossuet. Il arrache à son champ une jeune villageoise ; il remplit son âme de sa lumière, de sa force. Et elle, la fille des champs, elle se sent animée de l'esprit de Dieu ; elle a foi en sa mission, parce qu'elle est divine ; elle affirme que Dieu l'assiste, et, pour garant, elle promet la victoire. Voyez-la, Messieurs, à la tête de ses troupes, calme, sublime ; elle donne le signal : *à Orléans !* Et ses six mille soldats de lui répondre tout d'une voix, comme un seul homme : *à Orléans !*

Mon Dieu, vous avez conduit vous-même, comme par la main, cette humble enfant de village ; vous avez versé dans son cœur la vertu qui fait les héros ; vous l'avez amenée dans cette ville d'Orléans : achevez, Seigneur, achevez votre ouvrage. Vous nous avez bénis dans les combats, bénissez-nous dans la victoire !

II.

ORLÉANS-REIMS.

Comment Jeanne d'Arc, inspirée par ses voix, fait lever le siége d'Orléans, et, par ses brillants exploits, conduit le roi Charles VII au sacre de Reims.

Deux grandes pensées remplissent l'âme de Jeanne d'Arc en allant à Orléans. Elle veut faire de l'armée, qu'elle conduit à la victoire, une armée vraiment chrétienne. Aussi, dès le premier jour, a-t-elle soin d'exiger l'expulsion de tout ce qui peut entretenir la licence des camps. Puis, par ses discours et ses exemples, elle inspire à tous, officiers et soldats, la résolution de se confesser, de communier, comme à la veille de la mort. Dès-lors, Jeanne ne doute plus du succès et le prédit hautement à Chessy, dernière étape de ses troupes en marche vers la ville assiégée.

A la nouvelle de son approche, Dunois traverse la Loire et va au-devant de la Pucelle. *Êtes-vous Dunois ?* lui dit la vaillante fille. — *Oui.* — *Pourquoi ne pas m'avoir conduite par la Beauce, du côté de Talbot ?* — *Ainsi l'ont décidé les plus sages.*

Alors, Jeanne habituée depuis Vaucouleurs à cette malveillance qu'elle a rencontrée à Chinon, à Poitiers, et qui ne cessera de la contrarier dans ses desseins jusqu'à la prison, Jeanne fait entendre cette mémorable réponse : *Le conseil de Messire est meilleur que le vostre et celuy des hommes, et si est plus seur et plus sage : vous m'avez cuidé décevoir mais vous vous êtes déçus vous-mêmes : car je vous amène le meilleur secours que eut oncques chevalier, ville ou cité, et ce est le plaisir de Dieu, et le secours du roy des cieux, non mie pour l'amour de moy, mais procède purement de Dieu, lequel à la requeste de sainct-Louis et de st Charles le Grand, a eu pitié de la ville d'Orléans, et n'a pas voulu souffrir que les ennemis eussent le corps du duc d'Orléans et la ville.* Cela dit, Jeanne agit avec toute l'autorité qu'elle tient de Dieu. Par ses ordres, des bateaux sont disposés pour recevoir les hommes et les vivres, et, malgré l'orage, la pluie qui tombe à torrents, les vents contraires, elle descend le cours de la Loire, passe sous les feux croisés des forts St-Loup et St-Jean-le-Blanc, introduit enfin le convoi dans la ville. Du rivage à la cathédrale où se dirige Jeanne pour invoquer le Dieu des armées, ce ne sont que cris de joie et acclamations, dans la foule qui l'environne, et de tous les points la ville s'est empressée à sa rencontre. De là, Jeanne se rend à la porte Renart, chez une sainte femme heureuse d'abriter sous son toit respecté le courage et l'innocence.

Le 4 mai, car ici, il faut compter les jours, les heures, ce sont des siècles ; le 4 mai, sur le soir, Jeanne fatiguée de tant de courses, de tous ces conseils de guerre, s'était jetée tout habillée sur son lit. Alexandre, Condé, Napoléon à Austerlitz, ont cédé, la veille de la bataille, *à ce tranquille sommeil*. Comme *ces vigilants capitaines*, Jeanne *reposa la dernière ; mais jamais ne reposa plus paisiblement*. Tout-à-coup, des cris de la rue l'éveillent en sursaut : *aux armes! aux armes! Les anglais font grand dommage aux français*. — *En nom Dieu*, s'écrie Jeanne indignée, *le sang de nos gens coule par terre! Pourquoi ne m'a-t-on pas plus tôt éveillée? Ah! c'est mal fait! mes armes! mes armes! mon cheval!* Descendue, elle trouve à la porte son page inactif : *ah! sanglant garçon, qui ne m'êtes pas venu dire que le sang de France est répandu! Allons, vite mon cheval*. Puis, saisissant son étendard qu'on lui passe par la fenêtre, la voilà partie au galop de son cheval, traversant toute la ville et courant vers la porte de Bourgogne. Sur son chemin, elle rencontre un français blessé, porté à bras : *hélas ! dit-elle, je n'ai jamais vu le sang d'un français, sans que les cheveux se dressent sur ma tête.* Une vaste rumeur lui apprend le désordre et le combat de la porte de Bourgogne. Voici ce qui s'était passé : Sans prévenir Jeanne, ni Dunois, quelques français enhardis par l'inaction des anglais étaient allés attaquer la bastille St-Loup. Cette audace d'abord leur réussit, et déjà ils occupent le boulevard extérieur. Mais inférieurs en nombre, ils sont bientôt repoussés, poursuivis l'épée dans les reins jusqu'à la porte. En ce moment paraît Jeanne : rallier les fuyards, les ramener au combat, reprendre l'offensive, est pour notre guerrière un mouvement aussitôt exécuté que conçu. La colère transporte les deux armées ; l'acharnement est égal des deux côtés. Trois heures durant, le carnage continue et le succès reste incertain. Juste ciel ! voilà l'étendard de Jeanne qui flotte au premier rang ; sa vue redouble l'ardeur des siens, et dans un effort suprême, St-Loup tombe en notre pouvoir. Dans cette action, la plus chaude de toutes celles qui avaient été livrées sous ces murs, cent quatorze anglais sont morts, quarante faits prisonniers, les autres en fuite. Jeanne ordonne que ces fortifications soient rasées sans délai, puis, à la tête de son armée triomphante, elle se rend à la cathédrale pour y remercier

Dieu qui lui a donné la victoire dans cette première et mémorable journée.

Vous ne vous étonnez pas sans doute, Messieurs, de ces mâles accents qui retentissent sous les voûtes sacrées de cette basilique. C'est l'amour de la patrie qui anime ces voix et fait battre à l'unisson ces nobles cœurs. L'amour de la patrie dont la religion a fait une grande vertu, commande ces prières, ces pieux transports. Ah! vous le savez bien, la patrie c'est le sol qui nous porte, que nous arrosons chaque jour de nos sueurs laborieuses, que nous embellissons de nos mains industrieuses et actives. C'est la route qui nous conduit, le ruisseau qui nous désaltère, l'arbre qui nous protège de son ombre, le fleuve qui rend nos champs fertiles, la montagne qui nous abrite. La patrie, c'est le clocher qui nous envoie ses volées joyeuses, qui répond à nos tristesses, à nos douleurs en jetant dans les airs ses glas et ses pleurs. C'est l'église où si souvent nous avons prié, pleuré, expié. C'est le village, la rue, la maison de notre mère. La patrie, c'est le trésor commun de nos croyances, de nos gloires, de nos héroïsmes, de nos épreuves, de notre sang, de nos deuils. C'est tout le passé des siècles avec nos grands hommes et leurs chefs-d'œuvre immortels, le présent avec nos courageux efforts, l'avenir avec nos sublimes aspirations, avec nos espérances invincibles. La patrie, Messieurs, c'est ce qui nous fait respirer, vivre et mourir. Voilà pourquoi la France aujourd'hui, voit ses généreux enfants se battre sous les murs d'Orléans, et, après la victoire, se réunir au pied de l'autel, pour y rendre grâces à Dieu qui protège et sauve la patrie.

Le lendemain, jour de l'Ascension, la religion a repris son empire sur les cœurs. Au camp des anglais, comme dans la ville, tous, aux pieds des autels, assistent à la célébration des saints mystères. Puissance de la foi, je t'admire! De ces lions frémissants, tu fais, au contact mystérieux de J. C., les plus doux des hommes! Tu leur inspires ces admirables élans qui font aller au-devant de la mort avec la même assurance, le même enthousiasme que l'on marche au triomphe!

Le vendredi, 6 mai, Jeanne dont les desseins sont irrévocablement arrêtés, fait passer quatre mille hommes dans l'île des Toiles, devant St-Aignan. A ce mouvement si net, si audacieux, les anglais devinent sa pensée: sans balancer, ils brûlent St-Jean-le-Blanc et massent toutes leurs forces dans St-Augustin, résolus de vendre chèrement leurs vies. Jeanne va droit au Portereau et donne le signal de l'assaut. Déjà, elle a planté son étendard sur la première palissade, lorsqu'une soudaine panique se répand dans ses troupes: *les anglais*, crie-t-on de toutes parts, *accourent de St-Privé! Les voilà près de St-Augustin! Comment résister? Nous sommes pris entre deux feux! Sauve qui peut!* Malgré elle, Jeanne est emportée par les fuyards qui, à grand'peine, se laissent rallier dans l'île. Ce mouvement de retraite excite les anglais; ils sortent de St-Augustin: leurs archers font voler sur les derrières de l'armée française, des nuées de flèches, avec mille injures. Ah! c'en est trop! Le noble cœur de Jeanne bondit; son indignation se communique, et tous reviennent au combat. Ils ont à laver cette honte, à châtier l'insolence de ces insulaires, à relever l'honneur du drapeau. L'élan est irrésistible: c'est au tour des anglais. Voyez, ils sont éperdus, refoulés dans leurs retranchements. Des deux côtés, le carnage est immense, et cette lutte gigantesque rappelle les plus sanglantes mêlées. Encore une fois, Jeanne, la première a planté son étendard sur le fossé. A la voix de Daulon, Maître Jean renverse l'anglais qui défend la barricade; la brèche est ouverte; les français s'y précipitent et poursuivent les ennemis jusqu'au dernier. C'est un combat corps à corps où les nôtres restent enfin maîtres de la place. Là se trouvaient en abondance des vivres, des richesses de toute sorte. Jeanne qui n'admet pas le pillage, maintient l'ordre et profite de l'empressement des soldats à lui obéir, pour livrer aux flammes cette formidable citadelle de Saint-Augustin.

Non moins glorieuse que la première, cette seconde journée doit avoir un lendemain décisif. L'armée française campe en vue des Tourelles, passe la nuit dans une de ces veilles fécondes qui font présager la victoire. La victoire! Jeanne la tient dans ses mains; mais il faut l'imposer d'abord aux chefs, la faire accepter du conseil. Il est vrai que contre la volonté de Dieu, la sagesse des hommes ne saurait l'emporter. Toutefois, les chefs déjà las de vaincre, veulent s'arrêter, attendre de Blois de nouveaux renforts, concentrer toutes leurs forces dans la ville, et de là les lancer contre le camp général des anglais, à St-Laurent. *Nous ne bougerons pas d'ici*, disent-ils à Jeanne; *ainsi l'a décidé le conseil*. Mais Jeanne que ses voix venaient d'éclairer : *Vous avez été en votre conseil*, répond-elle résolûment, *et j'ai été au mien ; mais croyez que le conseil de Messire tiendra et s'accomplira, et que celui des hommes périra*. Puis, se tournant vers son chapelain : *vous vous lèverez de grand matin et ne me quitterez pas ; car j'aurai demain beaucoup à faire ; il sortira du sang de mon corps, je serai blessée à la bastille du pont.*

Jeanne avait triomphé de la résistance des chefs. Ah ! Messieurs, c'est le noble tourment des grandes âmes, des hommes généreux que le choix du prince ou la voix de leurs concitoyens élèvent aux charges importantes de la vie civile. Un jour vient où le devoir réclame et la conscience impose le sacrifice. Une heure solennelle sonne souvent où il faut braver l'impopularité, dédaigner la faveur ; où il faut savoir déplaire à la multitude, subir, sans céder, le mécontentement, la disgrâce des puissants. C'a été la gloire d'un Athanase, d'un Chrysostôme, d'un Ambroise, d'un Achille de Harlay, d'un Mathieu Molé. Ce tourment sublime, Jeanne l'a connu ; cette gloire, elle l'a noblement conquise, en ne permettant pas que ses voix célestes fussent étouffées par les voix des hommes.

Le samedi, 7 mai, bien avant le jour, Jeanne parcourt les rues de la ville, appelle les habitants, les convoque aux Tourelles. *Oui, oui, aux Tourelles !* Et voilà nos braves Orléanais qui traînent canons et couleuvrines ; s'arment de pieux, de pierres, de traits. Pour se battre, tout est bon, pris, emporté, fagots, fascines, échelles. Voici au reste le plan de la bataille : Jeanne attaquera sur la rive gauche, les habitants, par le pont. Ainsi prises entre deux feux, les Tourelles doivent succomber ; ce sera la fin du siége. Jeanne prévoit tout, et sans laisser pénétrer son dessein, fait conduire un bateau chargé de combustibles sous le pont-levis qui relie les Tourelles au fort lui-même. Ces mesures prises, elle rentre dans Orléans. Un dernier obstacle l'y attendait. Le sire de Gaucourt jaloux de la puissance de la pucelle, de son autorité, de sa glorieuse et sainte influence, s'attache à faire échouer son plan, à empêcher l'attaque si décisive du matin. Par son ordre, on ferme la porte de Bourgogne. *Vous êtes un méchant homme,* lui dit Jeanne, *mais que vous le vouliez ou non, les gens d'armes viendront, et gagneront aujourd'hui, comme ils ont déjà gagné.* Vaincu par ce reproche, de Gaucourt cède, et sur les pas de Jeanne, tous en foule, courent au combat. Aussitôt, l'armée est rangée en bataille : on sonne la charge. Ah ! tous les chevaliers de France sont là, Dunois, Rayz, Gaucourt, Guitry, Chailly, Florent d'Illiers, l'amiral de Culan, La Hire, Xaintrailles et mille autres. En un moment, c'est une furie que rien n'arrête, l'engagement est général : des deux côtés, l'artillerie tonne et fait d'horribles trouées dans les rangs ; la valeur, l'audace, l'impétuosité transportent ces hommes. Voici les fossés franchis, puis les pieux, puis les palissades; chaque arbre est disputé pied à pied : la mêlée est effroyable, et sur toute la ligne. Grand Dieu! Jeanne est atteinte d'un trait, blessée. Elle tombe, et c'est à peine si le sire de Gamache, prompt comme la foudre, a le temps de la saisir et de l'arracher aux Anglais. Quel malheur! Et dans quel moment! Jeanne pleure et prie. Dieu lui envoie ses saintes pour la réconforter. A ces voix si connues, si chères, Jeanne se relève, arrache elle-même le trait de sa plaie, et à ceux qui lui offrent des remèdes superstitieux : *J'aimerais mieux mourir*, dit-elle, *que de pécher contre la volonté de Dieu. Je sais bien que je dois mourir un jour, mais je ne sais ni où, ni quand, ni comment. Donc, si l'on peut, sans pécher, guérir ma blessure, je le veux bien.* Admirables sentiments que Dieu semble vouloir récompenser sur-le-champ, car une application d'herbes faite sur sa blessure, rend à Jeanne toute son énergie.

Mais quoi! Jeanne n'est plus là, à son rang. Sa bannière ne brille plus en vue de l'armée. Ils pressentent un grand malheur. Le découragement gagne même les chefs: on sonne la retraite; ordre est donné de ramener l'artillerie. *En nom Dieu,* dit Jeanne à Dunois, *vous entrerez bien brief dedans, n'ayez doute : quand vous verrez reparaître et flotter mon étendard vers la bataille, reprenez vos armes, elle sera vôtre. En attendant, reposez vos gens, donnez leur à boire et à manger.* Elle, la vaillante, elle va prier dans une vigne voisine.

Quelle leçon, Messieurs, Jeanne donne en ce moment, je ne dis pas seulement à ses soldats, mais à tous les chrétiens ! La prière ! Cette élévation de l'âme vers Dieu, cette communication intime, réelle de la créature avec le Créateur ! La prière ! Ce mystérieux échange des larmes, des vœux, des désirs, avec la toute-puissante bonté, la miséricorde infinie d'un Dieu qui, modèle des pères, accueille, écoute, exauce l'orphelin, la veuve, le malade, le vieillard, l'exilé, tous les malheureux ! Jeanne connaît cette force divine, cette consolation suprême ; elle en a bien des fois éprouvé la merveilleuse efficacité. Elle sait par une expérience de chaque jour que dans la prière, l'âme endolorie échappe aux tristesses, aux épreuves de la terre. Elle sait que par la prière, l'âme quittant l'amère région des apparences, peut s'élever dans les hauteurs vers les réalités célestes, battre le firmament, *entrer triomphante dans les puissances du Seigneur*, et obtenir de sa bonté ineffable, la lumière qui éclaire, la grâce qui purifie, l'onction qui console, la force qui enfante la vertu, engendre l'héroïsme, fait marcher aux grandes choses.

A peine un quart-d'heure s'était-il passé, que voilà Daulon impatient de vaincre, qui saisit l'étendard et court au fossé. Jeanne aussi vive que lui, l'atteint, lui arrache sa bannière et prend sa place. Ce mouvement qui n'a pas échappé aux Français, leur apparaît comme le signal convenu : tous courent à l'assaut. Les Anglais qui croyaient Jeanne frappée mortellement, voient la pucelle là, debout devant eux, fière, menaçante. Au même instant, de l'autre côté du pont, les habitants, charpentiers en tête, jettent des poutres, des planches sur les arches rompues et attaquent l'ennemi avec le même entrain que l'armée de France. Pris entre deux feux, Glacidas songe à la retraite et court au pont-levis. Vain effort ! Le bateau chargé de combustibles est en flammes ; l'incendie monte, embrase le pont, tord les poutres, et avec un horrible fracas, précipite dans l'abîme Glacidas et ses malheureux soldats. Les nôtres acharnés à sa poursuite, jettent en toute hâte des planches sur ce gouffre de feu, rétablissent le passage..... Messieurs, les Tourelles étaient prises. Cinq cents Anglais les défendaient : deux cents eurent la vie sauve, trois cents furent pris ou noyés. Chose remarquable ! du côté de Saint-Laurent, un silence, une inaction absolus; ni atttaque, ni diversion ! Ah! c'est que la puissance anglaise était frappée à mort. La France, dans cette victoire, a retrouvé son génie, sa force. Oui, Messieurs, la monarchie était sauvée, notre patrie rendue à la liberté, à la conquête de ses glorieuses destinées !

Comme elle l'avait prédit, Jeanne rentre dans Orléans par le pont, à la tête de tous ces braves, citoyens et soldats : les cloches sonnent à toutes volées ; des cris d'enthousiasme s'échappent de toutes les poitrines. Le lendemain, 8 mai, une procession triomphale parcourt les rues de cette ville affranchie par la victoire, et dans les airs retentissent les cantiques d'actions de grâces. Oui, Français, remerciez Dieu de sa bonté. Il aime la France. Quand la France penche vers sa ruine, le cœur du Tout-Puissant s'émeut, et par amour pour cette belle nation, il suscite sa libératrice. Jeanne est vraiment de la part de Dieu, un gage irrévocable de son amour pour nous. Pourquoi, direz-vous, Messieurs, pourquoi cette maternelle sollicitude de la Providence envers la France? Ah! c'est que la France l'a constamment méritée! Elle l'a méritée par sa triple victoire sur la barbarie, sur l'arianisme, sur le mahométisme! Elle l'a méritée depuis le baptême de Clovis jusqu'à nos jours, en passant par Charles Martel, par l'empereur Charlemagne, par saint Louis, ce royal témoin, ce magnanime martyr des Croisades, que le génie de la France a glorieusement enfantées! La France l'a méritée, elle la mérite encore par son dévouement séculaire au successeur de saint Pierre, par ses apôtres, par ses missionnaires qu'elle envoie à la mort, au martyre, par ses généreuses, ses inépuisables aumônes, par son infatigable activité à rechercher les larmes pour les sécher, à poursuivre les malheurs pour les conjurer, les épreuves pour les adoucir, les angoisses pour les transfigurer! Oui, gloire à Dieu qui par la main de Jeanne d'Arc a sauvé notre patrie! Gloire à notre patrie qui depuis quatorze siècles n'a cessé de mériter les grâces et les bénédictions de Dieu lui-même!

Certes, le roi Charles peut aller à Reims. Mais non: le mauvais vouloir de la Trémouille, de Regnault de Chartres a encore assez de puissance pour peser d'une manière fatale sur la volonté chancelante du roi. Eh bien! c'est à coup de victoires que Jeanne parlera, qu'elle brisera ces résistances!

Elle va mettre le siége devant Jargeau, défendu

par Suffolck. Dès le troisième jour, Jeanne commande l'assaut. *Gentil duc*, dit-elle au duc d'Alençon, *n'ayez doute, l'heure est prête quand il plaît à Dieu. Il est temps d'agir quand Dieu veut qu'on agisse et quand il agit lui-même.* Alençon hésite. *Ah! gentil duc*, poursuit-elle, *avez-vous peur? Ne savez-vous pas que j'ai promis à votre épouse de vous ramener sain et sauf?* A ces mots, Jeanne s'élance, suivie de ses braves Français. Au milieu de l'engagement qui est terrible, une pierre brise son casque et la fait tomber de l'échelle que ses vaillantes mains venaient d'appliquer au rempart. Jeanne roule dans la poussière, mais se relevant aussitôt : *Amys, amys*, s'écrie-t-elle, *sus, sus, en avant, ayez bon courage ; à cette heure ils sont nôtres.* Les Anglais en effet, Suffolck à leur tête, se rendaient prisonniers de guerre, et Jeanne entrait dans Jargeau conquise à la France, restituée au roi. A Meung, à Beaugency, même succès, même rapidité dans la victoire. Mais, mon Dieu! que font les Anglais? Conduits par Talbot et Falstoff, les voilà tous réunis en rase campagne. En rase campagne, juste ciel! Jamais, depuis huit mois, jamais pareille bataille ne s'est offerte! Jamais une digne revanche des désastres essuyés aux plaines de Crécy, de Poitiers, d'Azincourt! Cette revanche, Jeanne la tient, elle la demande aux plaines de Patay. Ah! il y va de l'honneur du drapeau : le passé doit être vengé ; cette armée anglaise doit être écrasée ; ses bataillons réputés invincibles doivent être enfoncés. La voyez-vous la pucelle, debout sur ses étriers, interrogeant l'horizon d'un regard enflammé ? *En nom Dieu, s'écrie-t-elle, il faut les chercher et les combattre; quand ils seraient aux nues, nous les aurons, car Dieu nous a envoyés pour les chasser en leur pays.* Puis, à travers les nuages de poussière, un rayon de soleil fait briller là-bas, au loin, les casques et les lances de l'armée anglaise. *Avez-vous des éperons ?* dit Jeanne à ceux qui l'accompagnaient. Ceux-ci pâlissent: *faut-il donc fuir?* — *Non, ce sont les Anglais qui vont fuir devant vous, si vous avez de bons éperons pour les suivre.* A l'instant, l'avant-garde se précipite sur les pas de Jeanne et engage le combat. Le gros de l'armée qui survient, achève la victoire, car malgré les efforts désespérés de Talbot et de Scales, la victoire ne fut pas un moment douteuse. Ainsi, Messieurs, fut battue dans les champs de Patay, cette armée anglaise que Salisbury avait amenée pour conquérir la France, notre bien-aimée patrie.

Maintenant, on peut aller à Reims. Jeanne frappe à la porte du conseil royal, interrompt ces interminables délibérations, et s'adressant au roi: *ne craignez point, car vous ne trouverez personne qui vous puisse nuire, ni presqu'aucune résistance...... Je ne dûrerai pas longtemps* (pauvre fille! non, elle ne durera pas longtemps: les envoyés de Dieu durent peu, car pour mettre un frein à l'ambition des hommes, faire reconnaître la justice et assurer l'avenir d'un siècle, il suffit à Dieu, d'un jour, d'une heure, comme d'un signe et d'un seul bras, du bras d'une femme), *je ne durerai pas longtemps ; il faut aller à Reims..... Noble dauphin, tenez, ne faites pas tant et de si longs conseils ; mais venez au plus tôt à Reims prendre votre digne couronne. Ne craignez rien, les bourgeois de Reims viendront à votre rencontre avant que vous ne soyez arrivé aux portes de la ville. Marchez sans inquiétude, car si vous voulez agir en homme, vous reconquerrez votre royaume.*

On se met en marche ; le nom du roi vole de clocher en clocher ; les villes ouvrent leurs portes : Troyes, après quelque résistance, se rend au dauphin ; Châlons n'attend pas une seconde sommation, et les bourgeois de Reims, comme Jeanne l'avait prédit, accourent au-devant de Charles. Le lendemain, le fils de Charles VI était sacré roi de France à la cathédrale, voyant à ses côtés Jeanne d'Arc avec sa glorieuse bannière qui *ayant été à la peine, devait se trouver à l'honneur*. Après le sacre, Jeanne agenouillée devant le roi, lui adresse cette mémorable prière : *gentil roy, ores est exécuté le plaisir de Dieu qui voulait que je levasse le siège d'Orléans, et vous amenasse en cette cité de Reims, recevoir votre saint sacre, montrant ainsi que vous êtes vrai roy, et celluy auquel le royaulme de France doibt appartenir.*

Tel fut, Messieurs, le résultat providentiel du triomphe de Jeanne à Orléans, du sacre de Charles VII à Reims : notre généreuse patrie fut à jamais affranchie du joug de l'étranger ; cette illustre Maison de France qui allait donner à ce pays plusieurs siècles de puissance, de grandeur et de gloire, fut pour longtemps affermie. Ainsi fut garanti l'avenir de cette nation que le funeste exemple de sa rivale n'a fait qu'attacher plus fortement au catholicisme, de cette nation que le monde appelle la fille aînée de l'Église, qu'il respecte comme le glaive et le bouclier de la religion catholique, apostolique, romaine. Ce grand œuvre, vous l'avez vu, Messieurs, a été accompli par le Tout-Puissant. C'est Dieu qui, par les voix de son archange et de deux vierges martyres, a fécondé dans le sein de Jeanne, l'amour de la patrie, la fidélité aux devoirs du citoyen, le dévouement le plus parfait à la France. Ces vertus, vous le savez, Messieurs, ont fait l'honneur et la prospérité de notre pays dans le passé; ces mêmes vertus, ne l'oubliez pas, peuvent seules nous assurer l'honneur et la prospérité dans le présent et dans l'avenir. C'est à ce titre, consacré par l'histoire, que la gloire de Jeanne d'Arc est restée dans nos annales, éclatante et pure. Il est vrai qu'à Reims, il lui manque *ce je ne sais quoi d'achevé que donne le malheur*. Le malheur va venir, Messieurs; voici son heure: et la gloire de la pucelle sera parfaite.

III.

ROUEN.

Comment Dieu a couronné cette vie si glorieuse de Jeanne d'Arc, par l'éclat incomparable de la mort des martyrs.

Jeanne *avait exécuté le plaisir de Dieu ;* sa céleste mission était accomplie. Restée dans les rangs de l'armée royale par déférence, elle voit bientôt tout changer autour d'elle. Ce n'est pas que l'opposition à ses projets eût attendu jusqu'à ce jour pour se manifester, car, nous l'avons dit, depuis Vaucouleurs, elle ne cessa de la rencontrer, de la combattre. Mais alors, elle se sentait soutenue par la volonté, par l'assistance surnaturelle de Dieu : inspirée par ses voix dans chacune de ses actions, elle parlait avec une autorité, une sûreté de jugement qui finissaient toujours par s'imposer aux plus rebelles. Aujourd'hui, après le sacre, Jeanne n'entend plus ses voix aussi souvent. Devenues plus rares, elle ne lui parlent plus que le mélancolique langage de la résignation, de la patience, de la soumission à Dieu : d'ailleurs, *avant la Saint-Jean,* lui disent-elles, *elle trouvera le repos et jouira de sa délivrance.* Jeanne qui ne comprendra qu'à la fin le sens terrible de cette expression, est néanmoins agitée de secrets pressentiments : elle perd peu à peu son initiative et sa gaîté. Bonne et compatissante comme autrefois, vaillante ainsi qu'aux plus beaux jours, elle ne fait que suivre l'impulsion d'autrui, et ne la dirige pas; elle subit les chances variables des événements, et n'est plus maîtresse des combats. Pendant quelques jours, ses succès la soutiennent encore. Sa renommée lui ouvre les portes de Soissons, de Château-Thierry, de Provins. Heureuse encore une fois à La Chapelle-Saint-Denis, elle apprend à la porte Saint-Honoré de Paris, ce que c'est qu'un revers. Blessée dans la chaleur de l'action, Jeanne exprime enfin les tristes pensées de son âme : *mes saintes me disaient que je ne devais pas aller plus loin que Saint-Denis. Je voulus aussi le faire, mais les seigneurs ne le permirent pas.* Puis au bon frère Pasquerel, son confesseur : *si je dois bientôt mourir, dites de ma part au roi, notre maître, qu'il lui plaise faire bâtir des chapelles où on prie Notre-Seigneur pour le salut des âmes de ceux qui sont morts en défendant son royaume.* Noble fille ! Sauver les âmes, défendre le royaume, elle n'a plus d'autre pensée. Les saintes continuent de lui révéler le secret de Dieu : elles lui disent *qu'avant la Saint-Jean, elle tombera aux mains de ses ennemis, qu'elle ne doit point s'en effrayer, mais au contraire accepter avec reconnaissance cette grande croix de Dieu qui lui donnera la force de la supporter jusqu'au bout.* Du reste, elle ne sait ni le jour, ni l'heure : patiente et résignée, elle prie et attend. Regnault lui demande en quel lieu elle espère mourir : *où il plaira à Dieu,* dit-elle, *car je ne suis sûre ni du temps, ni du lieu, plus que vous ne l'êtes vous-même..... et plût à Dieu, mon créateur, que je pusse maintenant partir, abandonnant les armes, et aller servir mon père et ma mère, en gardant les brebis avec ma sœur et mes frères, qui auraient une grande joie de me revoir*. Pieux et touchant souhait qui lui revient souvent sur les lèvres, qu'elle redit encore à Dunois, en Picardie! *Je n'ai peur de rien*, ajoutait-elle encore, *si ce n'est de la trahison*.

Trahie! Non, Messieurs, Jeanne ne le sera pas! Trois grandes actions terminent sa vie active : une victoire à St-Pierre-le-Moûtier, un échec à La Charité-sur-Loire, un suprême et magnifique triomphe à Lagny sur Franquet d'Arras. Enfin, dans une sortie à Compiègne, où elle avait dressé ses plans avec la sagesse et la décision des plus expérimentés capitaines, Jeanne tombe aux mains d'une compagnie de Luxembourg et devient prisonnière du duc de Bourgogne.

Jeanne est captive, Messieurs, mais sa grande âme semble encore planer sur l'armée française, et son ardeur animer les bataillons. Pendant sa captivité à Arras et au château du Crotoy, Compiègne est affranchie, d'autres places de la Picardie, de l'Ile de France se rendent à l'autorité du roi. Xaintrailles, par sa mémorable victoire dans les champs de Germigny, achève de relever l'esprit de la nation. C'est là, Messieurs, et l'histoire en a formulé l'irrévocable jugement, c'est là ce qui rend implacable la colère des anglais. *C'est Jeanne*, disent-ils, *c'est Jeanne qui, de son cachot, par des maléfices, gagne les batailles ! Cette enchanteresse doit mourir !* Ah ! nation de l'Angleterre, ta fortune a fait souvent soupirer mon cœur (1). Je te pardonne cependant, je te pardonne Poitiers, je te pardonne Crécy, je te pardonne Azincourt, je te pardonne, ô mon Dieu ! oui, je te pardonne Aboukir, Waterloo, Waterloo ce vaste et sanglant tombeau de nos pères. Car enfin, c'est le sort de la guerre, la chance terrible des batailles, et si la victoire a été glorieuse, je sais une chose aussi glorieuse que la victoire, c'est la défaite elle-même ! Mais ici, à Rouen, quand je te vois acheter avec ton or, cette prisonnière qui n'est pas la tienne ; quand je vois ta main mêlée dans cet horrible procès, soudoyant les juges, soudoyant les gardes, soudoyant les bourreaux, quand je vois cette prison, la tienne, et que debout à sa porte, tu dis à ce pâle tribunal : *condamnez-là ; si le Pape vous désapprouve, nous vous défendrons. Condamnez-là, sinon nous le ferons nous-mêmes* ; quand je te vois, peuple anglais, commander l'escorte, donner le signal du départ, mettre la torche au bûcher, eh bien ! quand la flamme monte, monte ici, sur cette place du marché vieux, embrâse le bûcher,

---

(1) Voir le Panégyrique de Jeanne d'Arc prononcé par Mgr Dupanloup, évêque d'Orléans, 1855.

brûle notre sœur, notre amie, notre libératrice, notre Jeanne.... eh bien !.... peuple anglais, eh bien!.... non, mon Dieu! non, mon cœur n'a pas d'amertume, mon âme n'a pas de fiel! Non, ma bouche ne peut ni ne veut s'ouvrir à l'anathème !...... Ah ! du moins, nation de l'Angleterre, pour l'expiation de ton crime, de ton forfait, je te convie au bonheur de rentrer au foyer sacré de ta mère, l'Église catholique, apostolique, romaine; je t'invite à reprendre avec docilité auprès de celle qui t'a enfantée, t'a nourrie, ses antiques et divines leçons, à apprendre à sa céleste école, à respecter le droit, la justice, la morale dans tes relations étrangères ; je t'invite à conjurer dans une filiale prière le Père commun des fidèles d'écrire le nom de notre ange sur le saint livre des martyrs. Ah ! je voudrais te condamner à tomber à genoux avec nous, avec la France, et à nous écrier ensemble: *Jeanne d'Arc, priez pour nous!*

Ils ont donc formé un tribunal pour condamner l'héroïne, Ce tribunal, qui le présidera? qui en sera le cœur et l'âme ? Ah ! ils ont sous la main un légiste, un théologien, un savant, un réfugié, un pasteur sans troupeau. Personne ici, Messieurs, vous le savez, comme vous, la France, je me trompe, le monde catholique tout entier le sait, personne ici ne doit baisser les yeux (1). Mais quoi ! Lui-même, ce pasteur de Beauvais, lui-même, s'il vivait de notre temps, je m'assure que je pourrais, oui, je pourrais toucher son cœur, éclairer son âme, prévenir sa chûte, épargner son scandale. Cet homme, Messieurs je l'amènerais dans vos murs d'Orléans; je lui ferais respirer l'air qui circule sur vos têtes et vivifie vos mâles poitrines ; je lui ferais toucher ces pierres qui gardent la séculaire empreinte de l'héroïsme de vos aïeux ; j'interrogerais à ses pieds le pavé ensanglanté de vos rues ; je le ferais marcher sur ces traces éloquentes et ineffaçables du sang français; je le conduirais sur cette place, je me ferais ouvrir les portes de cette basilique, et lui montrant de loin ce siége, ce siége cathédral, je lui dirais : voilà comme on est évêque ! Voilà comme un pontife fait monter sur le trône des princes de l'église, s'y tenir debout, saintement fiers, noblement indépendants, l'honneur, le talent, la vertu ! Ah ! j'ose le dire, l'exilé de Beauvais en eût été terrassé de honte, vaincu par ses remords. Mais non, je n'aurais pas à tenir ce langage : cet homme ne se trouverait pas aujourd'hui ; le capitaine qui a vendu Jeanne, ne se

---

(1) Voir le Panégyrique de Jeanne d'Arc, prononcé par Mgr Dupanloup, évêque d'Orléans.

trouverait pas non plus ; vous ne trouveriez pas davantage, je l'affirme, un anglais, un seul capable de tramer, de conduire, de consommer un pareil complot. Non, ce crime n'est pas de notre temps ; il n'est pas possible aujourd'hui, nulle part ! Jeanne seule aurait pu l'empêcher : malheureusement, sous ses chaînes de fer, Jeanne n'a pas même la liberté d'essayer de fléchir ses juges et ses bourreaux.

On instruit la cause. Dès le début et d'après le conseil d'Isambard de la Pierre, Jeanne en appelle au concile de Bâle auquel d'avance elle se soumet. *Taisez-vous*, lui crie le président.--*Faut-il*, reprend le greffier, *écrire ce qu'elle vient de déclarer? — Non, ce n'est pas nécessaire.* — *Ah !* dit Jeanne, *vous écrivez bien ce qui est contre moi, et vous n'écrivez pas ce qui est pour moi.* Touchante et trop juste plainte qui résume dans sa concision le procès tout entier.

D'ailleurs, il y a dans Jeanne d'Arc une telle force de raison, une telle vigueur de réplique, que sa parole, comme un glaive, perce et déchire les questions insidieuses du tribunal ; elle a de telles illuminations qu'on est encore ébloui et sous le charme vainqueur de la vérité. Que ne puis-je, Messieurs, vous redire ces admirables réponses ;

vous montrer notre jeune captive *répondant hardiment avec l'aide de Dieu,* comme ses voix le lui recommandaient chaque matin ! On lui demande si elle est dans la grâce de Dieu : *si je n'y suis,* dit-elle, *Dieu veuille m'y mettre ; et si j'y suis, Dieu veuille m'y garder.* — Et cette accablante réponse au sujet du Pape : *je tiens et je crois que nous devons obéir à notre Saint-Père le Pape qui est à Rome.* Ailleurs, elle parlera comme un prophète et l'événement se chargera lui-même de vérifier victorieusement sa prophétie : *Avant sept ans, les anglais laisseront un plus grand gage que devant Orléans : ils perdront toute la France. Ils épouveront plus grand dommage qu'ils n'aient jamais eu en France, et ce sera par une grande victoire que Dieu enverra aux français. Je le sais par révélation et je serais bien courroucée que cela fût tant différé.* Alors, on lui demande si Dieu hait les anglais : *de l'amour ou de la haine que Dieu a aux anglais, je ne sais rien ; mais je sais bien qu'ils seront boutés hors de France, excepté ceux qui y mourront, et que Dieu enverra victoire aux français contre les anglais.* Puis, elle ajoute ce trait qui peint si bien son courage : *je disais à mes gens : entrez hardiment parmi les anglais, et j'y entrais moi-même.* — Et cette parole aussi délicate que sublime ; on lui demande si St-

Michel était nu dans ses apparitions : *pensez-vous que Dieu n'ait pas de quoi le vêtir?* Enfin, on lui dit: *en quittant père et mère, avez vous péché ? — Puisque Dieu le commandait, il le fallait faire. Quand j'aurais eu cent pères et cent mères, et que j'eusse été fille de roi, je serais partie.*

Ainsi, Messieurs, en prison comme dans ses interrogatoires publics, tous les fantômes de l'accusation s'évanouissent devant les réponses si nettes, si précises, si franches de l'accusée; ils se dissipent à la lumière de cette âme si pure. Jamais, durant les six mois de sa captivité, malgré les mauvais traitements des Anglais, les grossièretés des soldats, les menaces des officiers, jamais son courage ne se démentit. Seule contre tous ces docteurs, accablée de questions captieuses et perfides, elle conservait son assurance, son calme intrépide. Il est vrai que ses voix se faisaient souvent entendre : *Prends tout en gré, ne te chailles pas de ton martyre, tu t'en viendras au royaume du Paradis.* C'était sa mort que Dieu lui révélait. Sa mort ! Comment la prononcer ? Sur quel chef la motiver ? Sur quel crime l'appuyer ? Sur ses visions ? Mais tant de Saints en ont eues, en ont encore. Sur sa conduite dans les combats ? Elle n'a jamais versé le sang. Sur ses habits d'homme ? Les docteurs de

Poitiers les lui avaient permis. Sur quoi donc? Car enfin, le temps presse : Cette fille doit mourir, il y va du repos, de l'avenir des Anglais! Ah! Voici une question qui va précipiter le dénouement : C'est l'Église. L'Église, telle est leur prétention, c'est le tribunal, président et juges. Si Jeanne ne le reconnaît pas, elle est hérétique, c'est-à-dire, digne de la peine capitale. Ce piége, Messieurs, s'il est infâme, est aussi trop grossier. Qui ne le sait? Un tribunal ecclésiastique, une réunion de théologiens, de docteurs, une assemblée d'évêques n'ont jamais été, ne sont pas, ne seront jamais l'Eglise, sans l'union avec le St-Siége, sans la sanction indispensable du Pape. Pour Jeanne comme pour nous, l'Église, c'est le Pape, le *Pape de Rome*, ainsi qu'elle l'appelle, et en communion avec lui, les évêques de la catholicité. Oui, aujourd'hui, comme hier, comme demain, comme toujours jusqu'à la consommation des siècles, l'Église, c'est Pierre. Et Pierre est vivant dans chacun de ses successeurs; Pierre est l'évêque des évêques, le docteur des docteurs, supérieur à tous, le lien de tous. A lui seul Notre-Seigneur-Jésus-Christ a départi cette primauté d'honneur et de juridiction qui en fait l'oracle infaillible et respecté du troupeau tout entier, agneaux et brebis.

— 52 —

C'est donc à propos de l'Église qu'ils espèrent condamner la Pucelle. Ici, les questions sont faites avec art, avec perfidie, coup sur coup, de tous les bans du tribunal. Seule contre tous, Jeanne fait briller de nouveau sa simplicité, son sens droit, sa présence d'esprit, sa prudence, la sûreté de sa mémoire, l'heureuse hardiesse de ses répliques. Vainement on rappelle les odieuses accusations de dissolue, de schismatique, de cruelle, d'idolâtre, Jeanne leur répète ce qu'elle a dit tant de fois, et si souvent avec une véritable éloquence, qu'elle croit au Pape, à l'Église; qu'elle n'a jamais été idolâtre, superstitieuse; qu'elle s'en tient au *Credo;* qu'elle n'a jamais blasphémé; que ses révélations sont vraies et lui viennent de Dieu; qu'elle a gardé ses habits d'homme par pudeur : *Vous me parlez du Pape, menez-moi devant lui et je répondrai tout ce que j'ai à répondre. Je suis bonne chrétienne; je reconnais l'Église militante et le Pape après Jésus.* Les juges, les docteurs, les Anglais eux-mêmes sont atterés, leur victime vraiment leur échappe. On insiste, mais Jeanne termine tous ces débats par cette admirable confession de foi chrétienne : *Je suis bonne chrétienne, j'ai été baptisée et je mourrai comme une bonne chrétienne. J'aime Dieu, je le sers et je voudrais aider et sou-*

tenir l'Église de tout mon pouvoir. *Je veux très-bien que l'Église et les catholiques prient pour moi.* Vaincus sur le terrain du droit et de la raison, les juges pensent à recourir à la force, à la violence, ils menacent de la torture : *Vraiment,* leur dit Jeanne plus ferme et plus décidée que jamais, *vraiment, si vous deviez me faire détraire,* (arracher) *les membres et faire partir l'âme du corps, si ne vous dirai-je autre chose ; et si je vous disais autre chose, après je vous dirais que vous me l'auriez fait dire par force.*

On renonce à la torture, mais l'arrêt de mort est prononcé. C'est le 24 mai, jeudi après la Pentecôte, dans le cimetière de Saint-Ouen, qu'il sera notifié à la condamnée. Deux échafauds y sont dressés, l'un pour le tribunal, l'autre pour Jeanne. Dans un sermon qui ouvre la séance, Erard s'emporte contre Jeanne, il la flétrit des plus injustes outrages. Jeanne impassible garde le silence. Mais quand l'orateur ajoute : *C'est à toi, Jeanne, à qui je parle et te dis que ton roi est hérétique et schismatique.* Jeanne qui avait accepté pour elle-même toutes ces injures, entendant qu'elles montaient jusqu'au Roi : *Par ma foi, Sire,* s'écrie-t-elle, *révérence gardée, je vous ose bien dire et jurer, sur peine de ma vie, que c'est le plus noble chrétien de tous les chrétiens et qui aime mieux la foi et l'Église.* Ici, Messieurs, se passe une scène d'une violence telle que les annales judiciaires d'aucun pays n'en ont jamais rappelé de semblable. Non, depuis les débats de Caïphe et du roi Hérode, la justice n'a jamais été aussi odieusement travestie. Vous le savez, Messieurs, quand la vertu est un crime, la patrie un vain nom ; quand les passions les plus farouches ont pris la place du droit ; lorsque les ténèbres de l'erreur ont chassé la lumière de toute vérité, il n'y a plus d'équité : Vous, Messieurs de la Cour, Messieurs du tribunal de première instance, vous que nous vénérons comme les prêtres de la loi, vous êtes alors violemment arrachés de vos siéges, chassés à travers le prétoire, et vos fleurs de lys séculaires, vos abeilles glorieuses sont à jamais déshonorées, je ne dis pas par vos successeurs, mais par ceux qui ont pris vos places, par les bourreaux ; le sanctuaire de la justice devient un affreux repaire, le tribunal prend un nom fatal à l'innocence elle-même, il s'appelle *révolutionnaire,* et pour tomber sous ses coups, il n'est nul besoin d'être coupable, il suffit d'être chaste, honnête, vertueux, fidèle au roi, au droit, à la patrie.

A peine remise à la garde anglaise et rentrée

dans sa prison, Jeanne entend la voix de ses saintes : Elles lui reprochent sa faiblesse au cimetière et sa signature sur la cédule d'abjuration. Elles lui expliquent comment par là, sans le savoir, elle a renié sa mission, l'assistance de Dieu, les révélations de ses voix. C'en est fait, Messieurs, Jeanne éclairée d'en haut, voit la vérité. D'elle-même elle va au-devant de sa nouvelle et dernière condamnation. Elle affirme qu'elle rétracte son abjuration, qu'elle renie sa signature, cette signature dictée par la violence, imposée par la fureur, arrachée par la force. Elle accomplit maintenant ce qu'elle leur avait annoncé quand elle leur disait: *Vraiment, si vous deviez me faire détraire les membres, et faire partir l'âme du corps, si ne vous dirai-je autre chose ; et si je vous disais autre chose, après je vous dirais toujours que vous me l'auriez fait dire par force.* En effet, Jeanne proclame hautement, librement cette fois, que sa mission était divine et surnaturelle ; elle renouvelle sa ferme résolution de s'en tenir à ses dires du procès : *Si je vous disais que Dieu ne m'a pas envoyée, je me damnerais ; la vérité est que Dieu m'a envoyée.* Noble fille ! elle proclame ainsi elle-même son arrêt de mort : il est prononcé.

Le mercredi, 31 mai (1431), au matin, Martin,

Ladvenu et frère Jean viennent à la prison lui annoncer sa mort prochaine. A cette nouvelle, Jeanne pleure, gémit, proteste : *Ah! j'en appelle devant Dieu, le grand juge, des grands torts et des ingravances qu'on me fait!* Survient l'évêque de Beauvais; dès qu'elle l'aperçoit, Jeanne lui jette à la face cette malédiction que l'histoire a rendu immortelle : *Évêque, je meurs par vous!* Mais la religion reprend bientôt tous ses droits sur cette âme virginale : Elle entend son confesseur et reçoit la sainte communion. Un peu après, avec une douceur angélique, s'adressant à Pierre Maurice : *Maître Pierre, où serai-je ce soir? — N'avez-vous pas bonne espérance en Dieu? — Oh! oui, et par la grâce de Dieu, je serai en paradis.* C'est maintenant qu'elle comprend *la délivrance* que ses voix lui avaient prédite.

Jeanne, revêtue de ses habits de femme, sort de la prison. Huit cents hommes armés, tous anglais, lui font escorte. Seuls dans cette foule immense qui assiste au lugubre spectacle, Martin Ladvenu et Jean Massieu lui parlent, la soutiennent de leurs pieuses et charitables exhortations. Arrivée sur la place de l'exécution, Jeanne répand de nouveau des larmes. Oui, Messieurs, Jeanne pleure! Elle pleure, car elle est femme, et elle a dix-neuf ans. Elle pleure, car elle meurt d'une mort injuste, victime innocente de crimes qu'on lui reproche et qu'elle n'a point commis. Elle pleure, oui, elle pleure, comme Jésus-Christ a pleuré sur Jérusalem. Elle pleure, parce que dans sa personne, on frappe l'envoyé de Dieu, l'ange de ses conseils, l'instrument de sa miséricorde. Elle pleure, parce que les anglais, en elle, on poursuivi la vérité jusqu'à la mort, cette mort douloureuse du bûcher : *Rouen, Rouen*, s'écrie-t-elle au milieu de ses sanglots, *mourrai-je ici ? Seras-tu ma maison ? Ah ! Rouen, j'ai grand'peur que tu n'aies à souffrir de ma mort !* — Sa mort, Messieurs, dont ses saintes écartent et conjurent les *épouvantements*, sa mort, tous en sont les témoins, est la mort d'une martyre, d'une prédestinée. Sa douce union avec les anges lui a rendu sa plus parfaite sérénité : elle semble entendre St-Michel, Ste-Catherine, Ste-Marguerite ; elles les invoque, les prie, converse pieusement avec ses voix si chères, si tendrement aimées...... et les flammes montaient, elles entouraient la jeune fille, la dérobaient aux yeux, quand tout-à-coup un grand cri s'élève dans les airs : *Jésus ! Jésus !* C'était le cantique de la glorieuse matyre : elle l'avait commencé dans les flammes du bûcher, sa belle âme montait l'achever dans le ciel.

— 58 —

Le sacrifice est consommé, Messieurs! De notre chère sœur, de notre virginale héroïne, il ne reste plus rien sur la terre, rien que son impérissable souvenir, son incontestable grandeur. Oui, Messieurs, comme une voix auguste vous l'a déjà dit dans cette chaire (1). Jeanne d'Arc est restée un grande figure dans nos annales. L'histoire, l'histoire de notre pays l'a proclamé *grande!* grande! Car elle meurt pour sa patrie, pour la vérité, pour la justice. Grande! Car elle a été payée par le délaissement, l'ingratitude, le mensonge et la calomnie. Grande! Elle a été vendue au prix de la rançon des rois, brûlée au nom d'un roi, récompensée par l'inaction, le silence d'un roi. Grande! Une grande nation l'immole, une grande nation l'abandonne. Grande! De la prison au bûcher, elle a suivi le chemin royal de la croix, la route spacieuse du calvaire, la voie lumineuse du martyre et de la gloire. Grande! Elle a sauvé cette illustre Maison de France, et, par elle, a préparé d'avance des siècles de prospérité, de gloire et de puissance à notre patrie. Grande! Elle a chassé du territoire français ce peuple conquérant

---

(1) Mgr Dupanloup, évêque d'Orléans : c'est la seconde citation que j'emprunte au panégyrique de Jeanne d'Arc, prononcé par notre grand Évêque; paroles précieuses que j'ai respectueusement tirées de son riche écrin et qui resteront l'unique parure de ce modeste discours.

qui sera hélas! la protestante Angleterre. Grande ! Car elle a, par ce triomphe, scellé de son sang la foi invincible de la France à la divinité de Notre-Seigneur-Jésus-Christ, son attachement filial et séculaire à l'Église catholique, apostolique romaine.

Telle a été, Messieurs, la vie, la puissance, la glorieuse et aujourd'hui séculaire influence de Jeanne d'Arc.

J'avais, au début de ce discours, annoncé le fait surnaturel de l'assistance divine sur sa destinée tout entière. Cependant, ce mot de *surnaturel* a pris rarement place sur mes lèvres. C'est que les faits parlaient bien haut d'eux-mêmes. Le surnaturel éclatait à chaque pas de notre héroïne. C'est lui, c'est le surnaturel qui l'a transfigurée à l'âge de treize ans, dans le jardin de Domremy. C'est lui qui l'a éclairée, inspirée chaque jour jusqu'à sa mort, à Vaucouleurs, à Chinon, à Poitiers, à Orléans, à Jargeau, à Meung, à Beaugency, à Troyes, à Reims. C'est lui qui la conseille encore à St-Denis, qui la console dans sa prison, la purifie dans sa captivité, l'illumine devant le tribunal et lui dicte enfin, au milieu des flammes du bûcher, cette suprême parole de sa foi, de son amour: Jésus! Jésus!

Monseigneur,

Je suis votre fils soumis, l'enfant docile de ma très-sainte mère, l'Église romaine. Je ne voudrais pas, par une parole imprudente, alarmer votre Paternité, contrister le cœur du Vicaire de Notre-Seigneur-Jésus-Christ. Pour invoquer Jeanne d'Arc avec St-Louis, Ste-Jeanne-de-Valois, St-Vincent-de-Paul, je veux, je dois attendre avec soumission, avec respect, la décision suprême de celui qui conduit les agneaux et les brebis. Du moins, mon âme peut-elle s'élever vers les célestes demeures, avec la douce assurance d'y contempler sur son trône de gloire l'immortelle pucelle d'Orléans; mon âme peut-elle convier cette chère sœur à présenter à Notre-Seigneur-Jésus-Christ, fils du Dieu vivant, vrai Dieu avec le Père et l'Esprit-Saint, les vœux ardents de mon cœur : gloire, honneur, bénédiction à l'auguste Vicaire de Jésus-Christ, au successeur de St-Pierre, à notre incomparable et bien-aimé Pie IX ! Gloire, honneur, bénédiction à l'épiscopat catholique qui est *un* avec Pierre, *comme le Fils est un avec le Père !* Gloire, honneur, bénédiction à cet évêque, l'honneur de l'épiscopat, l'orgueil d'Orléans, l'éloquent vengeur de Rome et de ses droits éternels!

Gloire, honneur, bénédiction à cette noble cité, à notre ville d'Orléans restée fidèle au culte de Jeanne d'Arc, c'est-à-dire, au culte de l'honneur, du courage, de la vertu et du malheur! Gloire, honneur, bénédiction au peuple français, à la nation magnanime, toujours fière d'être appelée *la fille aînée de l'Église*! Mon Dieu, conservez-lui, conservez à votre France sa foi, sa gloire, sa liberté! *Amen*.